I0471648

AMAZON - seine Seller und Vendoren

Ein Vademecum für alle Gewerbetreibenden

Nichts ist erreichbar, das Ziel unendlich fern! (Franz Kafka, Das Schloß)

Inhaltsverzeichnis

Vorwort

Retouren

Zahlungsbedingungen

Der Vendor Manager

Die Purchase Order PO

Die Stornierungsankündigung

Ausgleichszahlungen

Preisgestaltung

Annahmeverweigerung

Reklamationen

Vertragskündigung

Dieses kleine Büchlein soll Ihnen helfen, anhand konkreter Szenarien, die immer wieder auftauchen und die Sie normalerweise in den Wahnsinn treiben, die richtigen Entscheidungen zu treffen.

Erwarten Sie aber nicht, daß alle Ihre Probleme gelöst werden können, da viele dieser Probleme von Amazon so gewollt sind.

Sie müssen sich darüber im Klaren sein, daß Sie Amazon nicht nur als Geschäftspartner sieht, sondern auch als Geldquelle.

Die erste Quelle besteht natürlich aus Ihren Produkten, die Sie über Amazon verkaufen wollen.

Die zweite Quelle aber, sind Sie selbst und das ist eine nicht Unerhebliche, da kein Warenwert dahintersteht, also auch keine Marge für den Händler, also Sie.

Es gibt **keinen** Vendor, Seller oder privaten Händler, der noch nicht eine sogenannte Ausgleichszahlung (ein Amazon-Euphemismus für Strafzahlung) erhalten hat oder der aufgrund von Fehlmengen oder verlorengegangener Artikel oder fadenscheiniger Gründe Abzüge bei Rechnungen bekommen hat oder darauf verzichten musste, daß seine Rechnungen bezahlt wurden.

Sie müssen also damit rechnen, daß Sie Ihren kalkulierten Gewinn nicht immer bekommen werden, wenn Sie clever sind erwirtschaften Sie tatsächlich einen Rohgewinn für Ihre Firma.

Es gibt aber auch Firmen, die bei Amazon im Soll stehen, obwohl sie Ware an Amazon verkauft haben und obwohl Amazon diese bereits längst verkauft hat.

Bitte beachten Sie, daß dieses Büchlein nur eine Hilfestellung ist. Wenn Sie sich mehr in dieses Thema einlesen wollen, finden Sie in meinem Buch (Alp-)Traum Amazon umfangreiche Informationen.

Retouren

Die Firmen werden von einem VM (Vendor Manager) von Amazon eingeladen, wenn ihr Warenangebot von Interesse ist.

Wie schon beim Teufelspakt zwischen Faust und Mephistopheles sind die Vertragsbedingungen das A und O.

Natürlich fühlt sich jedes Unternehmen geschmeichelt, das von Amazon kontaktiert wird und um Zusammenarbeit gebeten wird.

Viele glauben, es wäre der buchstäbliche Sechser im Lotto, aber leider ist das der Trick, um bei vielen Vendoren in spe den Verstand auszuschalten.

Die scheinbar wichtigste Klausel im Vertrag ist natürlich die **Marge**, die Amazon fordert. Sie beträgt im Normalfall 50%.
Viele Firmen schrecken ob dieser exorbitanten Marge anfänglich zurück, werden aber vom Vendor Manager insofern beruhigt, daß ihm vertraglich **wöchentliche Abnahmemengen** garantiert werden.

So kann jedes Unternehmen kalkulieren, ob sich der Vertrag mit Amazon scheinbar rechnet oder nicht.

Die meisten Firmen werden zu dem Schluß kommen, daß sich das Geschäft trotz der hohen Marge durchaus lohnt. Leider haben viele Unternehmen die Rechnung ohne den Wirt gemacht.

Das Wichtigste an diesem Vertrag, ist nicht ihre Marge, sondern die Retourenvereinbarung.

Es gibt wesentlich wichtigere Punkte, die zu beachten sind:

Der Vendor kann **Retouren ganz ablehnen** (was unbedingt enpfehlenswert ist!). Natürlich wird der Vendor Manager mit fadenscheinigen Argumenten, versuchen den Vendor dazu überreden Retouren zu akzeptieren, aber als zukünftiger Vendor von Amazon müssen Sie in diesem Punkt knallhart sein.

Der Vendor kann **Retouren von Ware akzeptieren, die beschädigt im Amazon-FC ankam.**

Der Vendor sollte aber bedenken, daß er ja nicht vor Ort sein kann, wenn die Ware im FC vereinnahmt wird, deswegen kann er auch nicht kontrollieren, wann und wo die Ware und ob sie überhaupt beschädigt wurde.
Die Ausgleichszahlung von Amazon wegen nicht erfüllter bzw. verspäteter Lieferung erfolgt auf jeden Fall so sicher wie das Amen in der Kirche.

Ich möchte betonen, daß sich die Höhe der durchschnittlichen Ausgleichzahlung

(Amazon Sprech. Es bedeutet, daß der Vendor eine Strafzahlung leisten muß) bei Amazon zwischen 150,00 EUR und 750,00 EUR bewegt.

Das mag zwar beim ersten Anblick akzeptabel klingen, häufen sich die Fälle aber, dann sieht die Sache schon anders aus und der Vendor wird sehr schnell unglücklich.

Der Vendor muß wissen, daß es **immer** im Ermessen von Amazon steht, welche Ware beschädigt ist und welche nicht.

Der Vendor kann **Retouren von Ware akzeptieren, die im Amazon-FC beschädigt wurde**. Auch hier ist dies selbstverständlich eine Frage der Definition, die von Amazon festgelegt wird.

Wurde die Ware angeblich im Amazon FC beschädigt, wird diese natürlich zurückgesandt. Niemand erzählt aber dem Vendor, daß er über drei Monate auf die Ware und natürlich auf die entprechende Gutschrift warten muß.

Dieses Verfahren wird häufig vom Vendor Manager angewendet, wenn dieser merkt, daß der Lagerbestand des Artikels zu hoch ist und der Vendor Overstock Returns abgelehnt hat.

Die schlimmste Form der Retoure ist der sogenannte **„Overstock-Return".**
Bei diesem Overstock-Return entscheidet entweder ein Algorithmus oder ein Vendor Manager, ob und wann Ware an den Vendor zurückgeschickt wird, wenn sich angeblich zu viel auf Lager befindet.

Bestimmt ein Algorithmus darüber, ob ein Overstock-Return stattfindet, befndet sich der Vendor im siebten Kreis der Hölle (dies ist kein Witz!).

Es passiert täglich bei hunderten Vendoren, daß diese einen Overstock-Return auf ihren Hof geliefert bekommen.

Zeitgleich wird eine neue Bestellung über dieselbe Ware in der gleichen Stückzahl von Amazon generiert. Die Gutschrift für den Return wird bei Amazon sofort fällig und im jeweiligen Vendor-Konto verbucht, wohingegen die Rechnung für die neu bestellte Ware erst in 90 Tagen fällig wird.

Viele Vendoren stehen deshalb bei Amazon in der Kreide, obwohl es eigentlich umgekehrt sein müsste. Die Bestellung muß natürlich vom Vendor pünktlich geliefert werden, sonst bekommt dieser eine sogenannte Ausgleichszahlung, die, wie Sie ja bereits wissen, zwischen EUR 150,00 und EUR 750,00 liegt.

Erwähnte ich schon, daß natürlich der Vendor die Frachtkosten für den Overstock-Return bezahlen muß?

Der Vendor ist also gezwungen pünktlich zu liefern, obwohl er weiß, daß er die Ware demnächst wieder aufgrund von Overstock zurückbekommt und dafür eine sofortige Belastung auf sein Konto bekommt.

Machen wir noch einen kleinen Ausflug zum Versand der Ware. Der Vendor sollte peinlichst genau darauf achten, daß er die Ware nur an bestimmte Läger liefert, bei denen er, da er ja Frachtzahler ist, die Frachtkosten genauestens kalkuliert hat.

Wenn dann aber plötzlich 2/3 der Bestellungen nach Polen und Tschechien geliefert werden müssen, ist die Marge nicht nur nicht mehr verhanden, sondern der Vendor zahlt bei jeder Lieferung drauf.

Dies ist ein Teufelskreis, aus dem es sehr schwer wird, wieder auszubrechen.

Deshalb sollten Sie Retouren in diesem Vertrag konsequent ablehnen.

Lieber machen Sie keine Geschäfte mit Amazon, als Geschäfte, bei denen Sie draufzahlen.

Zahlungsbedingungen

Die Zahlungsbedingungen bei Amazon sind in der Regel 90 Tage nach Erhalt der Ware.

Der Vendor hat hier Bauchschmerzen, wird aber von Amazon geködert, in dem ihm gesagt wird, daß er ja garantierte wöchentliche Bestellungen bekommt. Er könne ja seine Kalkulation darauf einstellen.

Hat der Vendor im Vertrag nicht alle Retouren abgelehnt, sitzt er jetzt in der Falle, da es ihm passieren wird, daß er Ware retourniert bekommt und dies sofort von seinem Konto abgezogen wrd, wohingegen er mindestens 90 Tage auf seine Bezahlung warten muß.

Ich möchte dies noch einmal wiederholen: Es gibt sehr viele Vendoren, die bei Amazon Schulden haben, obwohl die Ware angeliefert wurde und auch bereits von Amazon verkauft wurde.

Deswegen sollten Sie unbedingt versuchen, die Zahlungsbedingungen zu Ihren Gunsten zu ändern und sich nicht von Schalmeienklängen seitens Amazon beeinflußen lassen.

Der Vendor Manager

Da Sie sich ja als Vendor nicht bei Amazon selbst anmelden können, sondern nur von einem sogenannten Vendor Manager eingeladen werden können, werden Sie also eines Tages, wenn Ihr Sortiment für Amazon von Interessse ist, von einem Vendor Manager kontaktiert werden, der Ihnen sehr freundlich und zuvorkommend um den Bart gehen wird, Ihre Ware doch auch bei Amazon anzubieten.

Sind Sie eigenständiger Produzent der Ware und ist die Ware begehrt und vielleicht noch exklusiv, dann können Sie damit rechnen, daß Sie Ihren Vendor Manager behalten werden. Falls dieser ausgewechselt oder gekündigt wird, bekommen Sie sofort einen neuen Vendor Manager, der Sie weiter zu Ihrer Zufriedenheit betreuen wird.

Wenn Sie aber nur Zwischenhändler oder Großhändler sind, wird sich Ihr Vendor Manager über kurz oder lang von Ihnen verabschieden.

Sie werden auch keinen neuen Vendor Manager bekommen. Ihr alter Vendor Manager wird Sie darauf hinweisen, daß er nun nicht mehr für Sie zuständig ist und Sie sich für die Zukunft an das Vendor Central Management- VCM – wenden müssen.

Amazon wird darüberhinaus auch noch versuchen, entweder Ihren Vorlieferanten bzw. Produzenten zu kontaktieren, um die

Ware direkt von ihm zu beziehen oder andere Lieferanten, die die gleiche Ware wie Sie anbieten im Preis zu drücken.

Die Purchase Order – PO

Bestellungen, also Purchse Orders abgekürzt PO, können sieben Tage die Woche und vierundzwanzig Stunden am Tag kommen, wenn Sie dies nicht ausdrücklich vereinbaren.

Kommt also eine Bestellung um 18:00 Uhr am Freitag, dann wird diese voraussichtlich bis Montag Vormittag von Ihrer Firma nicht bearbeitet werden können. Was ist die Folge? Eine Ausgleichszahlung wegen verspäteter Lieferung!

Achten Sie also bitte darauf, daß Sie nur Bestellungen zu den Zeiten erhalten, an denen diese auch bearbeitet werden können.

Wichtig sind auch solche Zeiten wie zum Beispiel Betriebsurlaub, Feiertage und Brückentage. In diesen Fällen müssen Sie einen Fall eröffnen und ein „Outage" eintragen lassen, was übrigens, man glaubt es nicht, es geschehen noch Zeichen und Wunder, bei Amazon, absolut problemlos ist.

Bitte überprüfen Sie die Bestellung (PO = Purchase Order) minutiös. Sind die Artikelnummer in Ordnung? Sind die Einkaufspreise der Artikel in Ordnung? Passt die Menge, passt die ETA (Estimated Time of Arrival = voraussichtliches Lieferdatum, bzw. das Lieferfenster), passt das FC, an das die Ware gehen soll?

Die korrekte PO-Nummer ist wichtig für die Erstellung der ASN (Advance Shipping Notice = Versandvorausmitteilung). Zur ASN werden wir gleich kommen.

Sehr wichtig sind auch die Einkaufspreise. Es passiert sehr oft, daß neue, meistens höhere Einkaufspreise, vom System nicht angenommen werden und Sie immer wieder POs mit den alten Preisen erhalten.

Nun ist es aber so, daß der Vendor seine Preise jederzeit senken kann, auch in der PO, erhöhen in der PO ist aber bei Amazon fast unmöglich. Um Preise zu erhöhen, muß der Vendor einen Fall eröffnen. Sollte die Erhöhung zwischen 1% und 5% betragen, ist die Wahrscheinlichkeit gegeben, daß die Preiserhöhung genehmigt wird. Ab 5% wird es sehr schwierig, ab 10% wird diese abgewiesen.

Sollten Sie ein wichtiger Vendor sein, bzw. ein oder mehrer Artikel sind wichtig für Amazon, dann wird der Vendor Manager auf Sie zukommen, um den Preis nachzuverhandeln. Sollten Sie keinen Vendor Manager haben, dann: Pech gehabt! Ab mit Ihnen ins Amazon Universum, in dem Sie solange kreisen, bis sie irgendwo an der Atmosphäre eines fremden Planeten verglüht sind oder es aber von selber aufgegeben haben.

Sie haben im Endeffekt dann nur die Wahl, die PO mit den falschen Preisen anzunehmen oder zu stornieren. Sie werden dann aber mit ziemlich großer Sicherheit eine neue PO mit den alten, falschen Preisen bekommen.

Sollte es Unstimmigkeiten mit der Menge geben, verhält sich der Fall so ähnlich wie bei falschen Einkaufspreisen.

Die Artikelmenge in einer PO kann reduziert, aber niemals erhöht werden.
In diesem Fall rate ich Ihnen die PO mit der reduzierten Menge anzunehmen und darauf zu warten, daß der Algorithmus von Amazon die Fehlmenge bemerkt und eine neue PO erstellt.

Sollte die ETA (das Anlieferdatum, bzw das Lieferfenster) am Amazon FC nicht korrekt sein oder für Sie nicht zu erfüllen sein, müssen Sie entweder telefonisch oder per Email einen neuen Fall erstellen und um Erweiterung des Lieferfensters bitten.

Dies ist jetzt Glücksache, da die Amazon Mitarbeiter im VCM-Team angehalten sind, die Lieferfenster nicht zu erweitern, obwohl dies problemlos möglich ist. Man will aber nicht auf die Ausgleichszahlungen bei verspäteter Anlieferung verzichten.

Geraten Sie an einen vernunftbegabten Mitarbeiter, wird er Ihnen das Lieferfenster erweitern, sollten Sie aber an einen verbohrten Kleingeist geraten, dann teilen Sie diesem mit, er möge den Fall schließen und eröffnen einen neuen Fall, in der Hoffnung an einen Vernunftmenschen zu gelangen.

Beim inkorrekten Amazon-FC verhält es sich so ähnlich, wie bei der Erweiterung des Lieferfensters.

Die VCM-Mitarbeiter sind angehalten das FC nicht zu ändern, obwohl dies nur einen Tastendruck bedeutet.

Sie müssen es dann einfach solange probieren, bis ein lieber Mensch bei Amazon (doch die gibt es, schauen Sie mich an!!!) das FC ändert.

Nachdem Sie alle Daten überprüft haben und soweit alles in Ordnung ist, müssen Sie die ASN (Advance Shipping Notice) erstellen.

Die ASN-Erstellung

Nachdem Sie alle Daten überprüft haben und soweit alles in Ordnung ist, müssen Sie die ASN (Advance Shipping Notice) erstellen.

Dazu müssen Sie sich in Ihr Vendor Account einloggen.

Ohne diese ASN können Sie keine Ware versenden und keine Versandetiketten erstellen. Es gibt eine Möglichkeit, die Ihnen niemand von Amazon verraten wird, die aber leider auch oft eine Ausgleichszahlung auslöst, aber wenn alle Stricke reißen und die Rechnungssumme hoch ist, kann man diesen Weg, den ich weiter unten erkläre, gehen.

Bei der Erstellung der ASN, kommt es häufig zu Fehlermeldungen, bei denen meist das Amazon-System verantwortlich ist, da dieses durch Überlastung in die Knie geht.

Sollten Sie eine Fehlermeldung erhalten, ist es besser, den PC herunterzufahren und einige Zeit zu warten.

Ich weiß, daß Sie unter starkem Zeitdruck leiden und dies das Letzte ist, was Sie tun wollen, aber manchmal bleibt keine Wahl.

Wenn der Zeitdruck zu groß wird und die ASN-Erstellung immer noch nicht funktioniert, müssen Sie einen neuen Fall erstellen. Meist ist das Problem schon bekannt, da die ASN-Erstellung immer systemweit ausfällt.

Ein Amazon Mtarbeiter wird versuchen, Sie zu beruhigen, er kann Ihnen aber leider auch nicht sagen, wie lange die Fehlerbehebung dauert, da von der Amazon-IT keine Auskunft zu erwarten ist.

Sollten Sie eine fehlerhafte ASN erstellt haben, können Sie diese **theoretisch** innerhalb von 36 Stunden wieder ändern, mir ist aber von keinem Fall bekannt, bei dem dies wirklich funktioniert hätte.

Nach den 36 Stunden können Sie sie sowieso nicht mehr ändern.

Sie haben jetzt die Wahl entweder die PO wieder zu stornieren und auf eine neue PO zu warten, was eine Ausgleichszahlung zur Folge hat oder die PO ohne ASN zu versenden.

Dies funktioniert folgendermaßen:

Erstellen Sie Ihren eigenen Lieferschein und drucken Sie Ihre eigenen Versandetiketten.

Äußerst wichtig ist, daß auf den Versandetiketten die PO-Nummer vermerkt ist.

Dann kontaktieren Sie Ihren Spediteur und teilen ihm mit, daß die ASN-Erstellung aufgrund von Amazon-Systemproblemen (merke: Es sind nie eigene Systemprobleme!) nicht funktioniert.

Der erfahrene Spediteur kennt sich aus und wird die Ware übernehmen, es gibt allerdings auch Spediteure, die noch nicht lange mit Amazon zusammenarbeiten und sich weigern wollen, die Ware zu übernehmen.

Denen teilen Sie mit, daß das Problem Amazon bekannt ist (was ja auch so ist) und die Ware auch ohne ASN, sondern mit firmeneigenen Papieren übernommen wird.

Sollte nach Übernahme der Ware eine Ausgleichszahlung drohen, widersprechen Sie dieser mit dem Hinweis auf „Amazon-Systemprobleme".

Nachdem alle Probleme von Ihnen behoben wurden, können Sie die Ware beim Spediteur avisieren.

Äußerst wichtig ist, daß der Spediteur bei der Anlieferung im Amazon FC einen **unterschriebenen** Abliefernachweis verlangt.

Achtung hier naht der nächste Fallstrick!

Wird die Ware per Spediteur angeliefert, weil sie einen größeren Umfang hat, wird der Fahrer auf jeden Fall einen **unterschriebenen** Abliefernachweis erhalten.

Hat die Sendung einen geringen Umfang in Form von 1 bis 2 oder 3 Paketen und wird mit einem Paketdienst versandt, dann könnten Sie ein Problem bekommen.

Die Paketdienste haben nämlich mit Amazon eine Vereinbarung getroffen, daß diese solche Sendungen an einem Sammelablieferplatz abladen können.

Sie werden dann zwar vom Paketdienst einen Abliefernachweis bekommen, der ist aber leider nicht von einem Amazon Mitarbeiter unterschrieben!

Wenn also von Amazon eine Mitteilung kommt, daß die Ware nicht bezahlt werden kann, solange kein Abliefernachweis beigebracht wurde und Sie diesen Nachweis vom Paketdienst an Amazon senden, dann wird dieser nicht anerkannt, da er nicht unterschrieben ist.

Keine Bange, irgendwann wird die Ware im Amazon FC verbucht und die Rechnung nach 90 Tagen zur Zahlung angewiesen, aber dies kann mehrere Wochen dauern, so daß Sie mit dem Geldeingang vielleicht nach sechs Monaten rechnen können.

Ich habe meinen Vendoren in solchen Fällen geraten, solche Sendungen, die mit Paketdiensten versendet werden, zu fotografieren. Dies klingt zwar ziemlich lächerlich und ist auch arbeitsaufwendig, aber es wirkt.

Denn wenn beim nächsten Mal ein Abliefernachweis von Amazon nicht anerkannt wird, kann der Vendor diese Fotos an Amazon senden. Daraufhin wird die Vereinnahmung im Amazon FC anerkannt.

Passiert dies einige Mal, muß sich der Vendor über nicht unterschriebene und deswegen nicht anerkannte Abliefernachweise keine Gedanken mehr machen.

Aber gemach, gemach, das nächste Problem erhebt sich am Horizont!

Ihre Ware wurde pünktlich vom Spediteur bei Ihnen abgeholt, es gab auch keine Probleme beim Transport, keinen Stau, keinen Unfall, keinen Motorschaden o.ä.

Nun steht steht der LKW vor dem Amazon FC und wartet auf die Vereinnahmung der Ware.

Leider gibt es beim FC Kapazitätsprobleme, so daß die Ware nicht vereinnahmt werden kann und das Lieferfenster überschritten wird.

Es gab schon Fälle von versuchten Warenanlieferungen, bei denen Fahrer von kleineren Speditionen mit ihren LKWs vier Tage vor dem FC warten mussten. Größere Speditionen ziehen ihre LKWs einfach wieder ab und lagern die Ware auf Kosten des Vendors in einem ihrer Läger zwischen.

Bei diesen Kapazitätsproblemen gibt es zwei Ursachen:

- Aufgrund des rapiden Wachstums kommt es tatsächlich zu Problemen in der Warenannahme.

- Die Mitarbeiter im Amazon FC machen Dienst nach Vorschrift, gehen zum Arzt oder boykottieren sogar etliche Anlieferungen, da der Druck, der von Amazon auf sie ausgeübt wird, unerträglich geworden ist.

Wenn das Lieferfenster aufgrund von Kapazitätsproblemen überschritten wird, müssen Sie natürlich einen neuen Fall eröffnen und um Lieferfenstererweiterung bitten.

Leider sind, wie schon oben gesagt, die Amazon VCM-Mitarbeiter angewiesen, Lieferfenster nicht zu erweitern, ob Amazon selbst daran schuld ist, interessiert hier nicht.

Mit sehr großer Wahrscheinlichkeit werden Sie eine Ausgleichszahlung bekommen, der Sie natürlich sofort widersprechen müssen.

Allerdings ist es oft so, daß die Vendoren mittlerweile so viele Ausgleichszahlungen bekommen und daraufhin Widersprüche einlegen, daß Sie manchmal den Überblick verlieren und ihnen sehr oft Ausgleichszalungen einfach durchrutschen und versuchen Sie mal eine unberechtigte Ausgleichszahlung, die bereits von Amazon von Ihrem Konto abgebucht wurde, wieder zurückzubekommen.

Viel Erfolg, da können Sie auch gleich auf den nächsten Ton des Musikstückes, das in der Sankt-Burchardi-Kirche in Halberstadt seit dem Jahre 2001 aufgeführt wird, warten.

Als guter Vendor haben Sie jetzt alle Untiefen umschifft und die Ware, sagen wir mal im Wert von 100.000,00 Euro wurde pünktlich und im richtigen FC vereinnahmt.

Während Sie auf die Bezahlung der ersten Rechnung warten, kommen natürlich wöchentlich neue Bestellungen von Amazon.

Sie fühlen sich wirklich gut dieser Tage.

Eines Tages, vielleicht nach zwei oder drei Wochen erhalten Sie einen Stornierungsankündigung über die erste Lieferung, die korrekt angeliefert wurde, von Amazon aber anscheinend nicht vereinnahmt wurde.

Sie werden von kalter Panik ergriffen und fragen sich sicherlich, wo denn Ihre Ware geblieben ist, wenn doch der Spediteur sie ordnungsgemäß im Amazon FC abgeliefert hat.

Dies wird im nächsten Kapitel beschrieben.

Die Stornierungsankündigung

Die Ursache für diese Stornierungsankündigung ist für den Vendor sehr verwirrend.

Bei der Vereinnahmung der Ware im Amazon FC passiert es sehr häufig, daß diese von den Mitarbeitern des Lagers auf verschiedene Bestellnummern, also POs des selben Vendors, verbucht wird.

Das System nimmt dann an, daß die Ware im FC nicht vereinnahmt wurde, storniert diese Bestellung und löst eine Ausgleichszahlung für den Vendor aus, die, wie bereits weiter oben erwähnt, sofort fällig ist.

Also steht der Vendor schon nach seiner ersten Lieferung bei Amazon in der Kreide.

Wie kommt es zu diesen Fehlbuchungen, obwohl doch die PO-Nummer auf allen Packstücken klar und deutlich vermerkt ist und von den Mitarbeitern, sollten sie nicht einen Blindenhund benötigen, erkannt wird, zumal diese ja auch über die praktischen Handscanner verfügen?

Die Lösung ist ganz einfach:

Die Ware im Wert von 100.000,00 Euro wurde pünktlich innerhalb des Lieferfensters, sagen wir am 15. Mai, angeliefert und vereinnahmt, aber auf andere POs verbucht.

Das bedeutet, daß diese Ware im Amazon System verfügbar ist und sofort an Kunden verkauft und berechnet werden kann.

Für das Amazon System ist jetzt allerdings der Vendor im Lieferverzug. Das System wartet zwischen 14 und 21 Tage und versendet dann die Stornierungsankündigung an den Vendor, obwohl vielleicht schon ein Teil der Ware von Amazon verkauft wurde.

Der verängstigte Vendor kontaktiert Amazon, um zu fragen, wo denn bitte seine Ware ist.

Er bekommt dann von einem Mitarbeiter von Amazon die Antwort, daß es sehr häufig geschieht, daß Ware auf verschiedene POs verbucht wird, aber das Problem lasse sich leicht lösen.

Der Vendor möge bitte die Abliefernachweise des Spediteurs in seinem Vendor Konto hochladen und an die Buchhaltung übermitteln. Diese wird dann die Korrekturbuchungen vornehmen.

Dies funktioniert normalerweise immer, falls die Abliefernachweise unterschrieben sind, hat aber natürlich auch eine nicht zu vemeidende Zahlungsverzögerung seitens Amazon zu Folge.

Sollte Sie eine Ausgleichszahlung bekommen, müssen Sie dieser unbedingt widersprechen.

Zu den Ausgleichszahlungen kommen wir im nächsten Kapitel.

Ausgleichszahlungen

Mit sogenannten Ausgleichszahlungen (Amazon Euphemismus für Strafzahlung) werden Sie bei Amazon **immer** bedacht.

Die durchschnittliche Ausgleichszahlung beläuft sich zwisch 150 und 700 Euro. Die Höhe dieser Ausgleichszahlungen sind absolut willkürlich und natürlich nicht rechtens, aber Amazon ist leider der Stärkere in dieser Geschäftsbeziehung.

Ausgleichszahlungen werden fällig bei:

- verspäteter Anlieferung
- unvollständiger Anlieferung
- Anlieferung ohne oder mit fehlerhafter ASN (Advance Shipping Notice)
- falscher Etikettierung der Ware
- falscher Etikettierung der Pakete
- falscher Verpackung
- beschädigter Ware

Verspätete Anlieferung:

Wenn Sie tatsächlich verspätet, also nicht im angegebenen Lieferfenster anliefern, haben Sie leider keine Chance der Ausgleichszahlung zu entkommen.

Es kommt aber sehr oft vor, daß die FCs von Amazon an Kapazitätsproblemen leiden und deswegen die LKWs warten müssen oder unverrichteter Dinge wieder umkehren müssen, da sie nicht entladen können.

Selbstverständlich ist dies nicht Ihre Schuld. Eine Ausgleichszahlung werden Sie aber trotzdem bekommen.

Dieser Ausgleichszahlung müssen Sie unbedingt widersprechen. Sie dürfen sich auch niemals abwimmeln lassen.

Dies ist eine Geschäftsstrategie von Amazon, da sehr viele Lieferanten nach einiger Zeit entnervt aufgeben und in den saueren Apfel beissen.

Eine verspätete Anlieferung kann auch bedeuten, daß Ihre Ware tatsächlich pünktlich angeliefert wurde, die PO bei der Vereinnahmung aber auf andere POs verbucht wurde (siehe oben).

Selbstverständlich müssen Sie auch hier der Ausgleichszahlung widersprechen.

Bitte beachten Sie, daß Sie einen **unterschriebenen** Abliefernachweis einreichen müssen. Sie müssen deswegen Ihren Spediteur verpflichten, sich den Ablieferachweis unterschreiben zu lassen. Tut er dies nicht, machen Sie ihn schadenersatzpflichtig.

Es gab schon etliche Fälle bei Lieferungen mit hohem Warenwert, daß selbst unterschriebene Ablieferachweise nicht anerkannt wurden. Hierbei handelt es sich um eine Verzögerungstaktik seitens Amazons, um die Bezahlung so lange als möglich hinauszuziehen.

Gehen Sie in diesem Fall sofort zum Anwalt, setzen Sie eine Frist und erwirken dann einen Pfändungsbeschluß.

Es gab schon einige Lieferanten, die wegen diesen Verzögerungen in die Insolvenz gingen.

Bei einer drohenden Ausgleichszahlung ist es wie immer wichtig, dieser zu widersprechen und sich niemals abwimmeln zu lassen.

Die beste Art nicht den Überblick über Widersprüche und Ausgleichszahlungen zu verlieren, ist, sich eine Excell-Tabelle zu erstellen und diese jeden Tag auf den neuesten Stand zu bringen.

Dies ist ein Punkt, den ich nicht oft genug erwähnen kann.

Unvollständige Anlieferung:

Wird Ihre Warensendung unvollständig angeliefert, erhalten Sie selbstverständlich eine Ausgleichszahlung.

Die Frage ist nur, ob die Ware wirklich unvollständig angeliefert wurde.
Auch hier kann es wieder sein, daß die PO dieser Anlieferung auf verschiedene POs gebucht wurde. Das System meldet dann eine unvollständige Vereinnahmung für diese PO. Auch hier benötigen Sie den
unterschriebenen
Abliefernachweis.

Sollte die Lieferung aus hochwertiger Ware, wie zum Beispiel teuren Mobiltelefonen o. ä. bestehen, kommt es durchaus vor, daß einige

Kartons bei der Vereinnahmung „vom LKW gefallen" sind.

Auch hier müssen Sie der Ausgleichszahlung widersprechen und dürfen sich auf keinen Fall abwimmeln lassen.

Bei Amazon merkt man sich die Lieferanten, die nicht locker lassen und läßt diese nach einiger Zeit eher in Ruhe, als diejenigen Lieferanten, die sich nicht wehren.

Anlieferung ohne oder mit fehlerhafter ASN (Advance Shiping Notice):

Siehe oben: ASN – Advance Shipping Notice

Falsche Etikettierung der Pakete:

Dies sollte Ihnen eigentlich nur dann passieren, wenn Sie aufgrund technischer Probleme keine ASN erstellen können.

Wenn Sie keine ASN erstellen können, können Sie auch keine korrekten Etikettten ausstellen, sondern müsen Ihre eigenen Etiketten drucken.

Damit kann die Ware zwar vereinnahmt werden, Sie werden aber eine Ausgleichszahlung bekommen, der Sie natürlich unverzüglich widersprechen müssen, da Sie ja nichts dafür können, wenn die ASN-Erstellung von Amazon ausfällt.

Sollten Sie die Ware allerdings tatsächlich falsch etikettiert haben, müssen Sie leider die Ausgleichszahlung akzeptieren.

Wenn Sie viele Sendungen an Amazon haben, kann es allerdings passieren, daß Sie den Überblick verlieren, ob Amazon-Etiketten oder eigene Etiketten (wegen Dysfunktion der ASN-Erstellung) gedruckt wurden, deswegen ist es angeraten, daß Sie sich hier ein kleines Back-Log erstellen.

Falsche Etikettierung der Pakete:

Ursache und Vorgehensweise ist die gleiche, wie bei falscher Etikettierung der Ware.

Falsche Verpackung:

Daß Ware falsch verpackt am Amazon-FC ankommt, kann eigentlich nur bei einer Erstanlieferung des Vendors passieren oder wenn neue Ware das erste Mal angeliefert wird.

Nichtsdestotrotz sollten Sie, wenn Sie eine Mitteilung bekommen, daß Ihre Ware falsch verpackt wurde, erst einmal die Vertragsbedingungen durchsehen und beim Versand abklären, wie die Ware verpackt wurde, da es oft geschieht, daß der Grund von Amazon nur vorgeschoben wurde.

Falls dies der Fall sein sollte, müssen Sie natürlich Widerspruch einlegen. Ein Foto der verpackten Ware ist auch hier sehr hilfreich.

Beschädigte Ware:

Dies ist ein sehr weites Feld, da hier Mißbrauch Tür und Tor geöffnet ist.

Haben Sie die Ware ordnungsgemäß und unbeschädigt dem Spediteur übergeben und hat der Fahrer die Übernahme quittiert dann war dies der erste Gefahrenübergang. D. h., daß Sie für die Ware nicht mehr verantwortlich sind.

Wird die Ware während des Transportes beschädigt, ist der Spediteur dafür haftbar.

Der nächste Gefahrenübergang befindet sich an der Rampe bzw. an der Abladestelle des Amazon-FCs.

Sobald diese Grenze überschritten wird, ist ausschließlich Amazon für den Zustand der Ware verantwortlich.

Hier wird es dann kniffelig, denn es passiert sehr oft, daß Amazon behauptet, die Ware war bereits bei der Anlieferung beschädigt, obwohl diese dann erst später im FC beschädigt wurde.

Sie brauchen deswegen unbedingt einen erfahrenen und vertrauungswürdigen Spediteur (ich weiß, der ist genauso schwer zu finden, wie ein ehrlicher Rechtsanwalt), der sich wennmöglich in der Nähe Ihres Unternehmens befinden sollte, damit Sie ihm kurzfristig besuchen können, wenn es größere Probleme geben sollte.

Manchmal ist der billigste Spediteur nicht derjenige, bei dem man das meiste Geld sparen kann!

Wenn nun also Amazon behauptet, daß die Ware beschädigt angeliefert wurde,
ist die erste Anlaufstelle der Spediteur.

Kann dieser zweifelsfrei nachweisen, daß er die Ware unbeschädigt abgeliefert hatte, ist klar, daß Amazon mal wieder die Wahrheit etwas gedehnt hat.

Auch hier gilt, sofort der Ausgleichszahlung bzw. der Retoure widersprechen und sich nicht durch fadenscheinige Ausflüchte besänftigen lassen.

Sollten Sie per Paketdienst anliefern, müssen Sie sich unbedingt mit diesem in Verbindung setzen und darauf pochen, daß die Abliefernachweise unterschrieben werden. Viele Paketdienste verzichten aus Zeitgründen auf eine Unterschrift, ist diese aber **nicht** unterschrieben, kann Amazon immer behaupten, die Ware wurde schon beschädigt angeliefert.

Noch ein Tipp für die sogenannten WePay-Vendoren:

Als WePay-Vendor bezahlt Amazon die Fracht und holt Sie auch durch einen von Amazon bezahlten Spediteur bei Ihnen ab.

Es gab aber schon sehr viele Fälle, bei denen Amazon Ausgleichszahlungen wegen beschädigter Ware, verspäteter Anlieferung oder abweichender Menge berechnete, obwohl dies ausgemachter Unsinn ist, da der Gerfahrenübergang bei WePay auf dem Hof des Vendors stattfindet.

Es gibt Vendoren, die solche Ausgleichszahlungen widerspruchslos bezahlen!

Preisgestaltung

Überlegen Sie sich Ihre Kalkulation sehr genau. Bevor Sie zu knapp kalkulieren, berechnen Sie besser eine Marge, die alle Eventualitäten abdeckt. Und glauben Sie mir Eventualitäten gibt es bei Amazon en masse.

Falls Sie dann wegen dieser höheren Marge keine Bestellungen von Amazon bekommen, freuen Sie sich!

Wenn Sie einmal einen Preis für einen Artikel festgelegt haben, dann können Sie diesen jederzeit ändern.

Leider nur nach unten!

Preiserhöhungen werden bei Amazon grundsätzlich zuerst einmal abgelehnt.

Stellen Sie sich vor, Sie kalkulieren einen Artikel ziemlich knapp. Zur Kalkulation gehören natürlich auch die Frachtkosten, die Sie für ein deutsches Amazon-FC eingepflegt haben.

Leider kommt aber Amazon plötzlich auf die Idee, daß Sie diesen Artikel jetzt nach Tschechien oder Polen versenden müssen.

Oder aber Ihr Vorlieferant erhöht die Preise, die Sie in Ihre Kalkulation einfließen lassen wollen.

Schon bricht Ihre schöne Kalkulation zusammen und Sie zahlen womöglich drauf.

Sie wenden sich also an Ihren Vendor Manager, sofern vorhanden, oder eröffnen einen neuen Fall.

Der Vendor Manager wird Ihnen mitteilen, daß er keine Berechtigung hat, über Preiserhöhungen zu verhandeln und er diesen Fall weitergeben wird, dies aber einige Zeit dauern kann. Der Amazon-Kontakt in Ihrem

Fall wird Ihnen mit Textbausteinen antworten, denen zu entnehmen ist, daß er den Fall weitergeben wird, da er keine Berechtigung hat, über Preiserhöhungen zu verhandeln, dies aber einige Zeit dauern kann.

In der Zwischenzeit müssen Sie weiter zu Preisen liefern, bei denen Sie draufzahlen, weil, wenn Sie nicht liefern, bekommen Sie selbstverständlich eine Ausgleichszahlung und zahlen noch mehr drauf.

Legen Sie deshalb Ihre Kalkulation so an, daß Sie genügend „Luft" haben, um unvorhersehbare Amazon-Änderungen abfedern zu können.

Selbst wenn dann Amazon nicht bei Ihnen bestellt, ist es besser, als bei jeder Bestellung Geld mitzubringen und dann darüberhinaus vielleicht noch eine Ausgleichszahlung zu bekommen.

Annahmeverweigerung

Wenn bei einem Amazon-FC die Annahme bestellter Ware verweigert wird, kann es nur zwei Gründe geben:

Die Lagermitarbeiter können die amazoneigenen Lieferpapiere nicht lesen bzw. scannen.

Der Einkäufer/der Algorhitmus, der eine Bestellung für ein bestimmtes Lager ausgelöst hat, weiß nicht, daß das Lager zu dem Zeitpunkt ausgebucht ist.

Durch die unnötigen Hin- und Rücksendungen der Waren sind dem Händler zusätzliche Kosten entstanden, welche er von Amazon eigentlich erstattet bekommen sollte. Amazon verspricht zwar eine Gutschrift, die wird allerdings erst rund sechs Monate später tatsächlich überwiesen, und das mit Skontoabzug.

Hakt man diesbezüglich nach, wird man sehr oft angeschwindelt, indem behauptet wird, daß die Gutschrift bereits überwiesen wurde.

Es kann übrigens auch passieren, daß Amazon, nachdem die Annahme der Ware verweigert wurde, eine Ausgleichszahlung an den Vendor gibt, weil die Ware nicht angeliefert wurde.

Auf jeden Fall müssen Sie natürlich in beiden obengenannten Fällen Widerspruch einlegen. Sollte ein Vendor Manager für Sie zuständig sein, so kontaktieren Sie diesen umgehend, falls nicht, sind Sie gezwungen einen Fall zu eröffnen.

Sie müssen damit rechnen, daß dies ein langwieriger Fall werden wird, da ja die Annahme der Ware offiziell von Amazon verweigert wurde und sich Amazon immer auf diese Position zurückziehen wird, obwohl Amazon natürlich im Unrecht ist.

Sie müssen sich daher mit Ihrem Spediteur in Verbindung setzen, der Ihnen schriftlich bestätigt, daß der LKW pünktlich im Lieferfenster bei dem Amazon-FC vor dem Tor stand, aber wieder abgewiesen wurde.

Selbst wenn Sie diese Bestätigung einreichen, müssen Sie damit rechnen, daß sich Amazon drehen und winden wird, um die Gutschrift so lange wie möglich hinauszuziehen.

In diesem Fall gibt es leider keinen Trick, um die Gutschrift zu beschleunigen.
Sie müssen nur so hartnäckig wie möglich bleiben, das könnte den Prozess etwas schneller machen.

Sie können natürlich Ihren Vertrag mit Amazon kündigen und entschließen sich zur Option, daß Amazon die bereits erhaltene Ware zurückschicken solle.

Leider kann es vorkommen, daß Sie mehrere Wochen später nur einen Teil der Produkte erhalten haben. Es kann Ihnen auch passieren, daß der Rest „versehentlich in die Regale eines anderen Lieferanten einsortiert" wurden. Oder Ihnen wird der Vorschlag unterbreitet, die Rücksendung der Ware direkt zum Vorlieferanten vorzunehmen!

Natürlich ist dies vollkommen inakzeptabel und so wird das Problem über mehrere Monate hinweg von Amazon verschleppt, ohne daß Sie Ihre Ware zurückbekommen. Dann kann es passieren, daß Ihr Fall als „gelöst" geschlossen wird, ohne daß Ihre Produkte zurückgeschickt wurden.

Es gibt Lieferanten, die bis zu einem Jahr auf Ihr Geld oder ihre Produkte warten müssen.

Reklamationen

Reklamiert ein Kunde ein Produkt, wird er sofort Ihrem Konto belastet, obwohl unter Umständen Ihre Rechnung von Amazon noch gar nicht bezahlt wurde und ein Ersatzartikel dem Kunden zugesandt wurde. Natürlich ohne Berechnung! Selbstverständlich wird der Ersatzartikel von Ihrer Rechnung abgezogen.

Im Endeffekt bedeutet dies, daß Sie für diesen Artikel niemals eine Bezahlung erhalten werden, obwohl er von Amazon verkauft wurde.

Sie müssen wissen, daß diese Kundenreklamationen zu 90 Prozent fadenscheinig und vorgeschützt sind, sie sind nur eine schöne Möglichkeit für Amazon Ihre Marge zu drücken und mehr Umsatz zu generieren.

Das einzig Gute daran ist, daß es Amazon in diesem Fall nicht übertreiben kann, da die ganze Sache dann unglaubwürdig würde, aber Kleinvieh macht auch Mist!

Gegen Kundenreklamationen gibt es für Sie keine Möglichkeit sich zu wehren.
Wenn Sie mit Amazon zusammenarbeiten wollen, müssen Sie damit leben.

Vertragskündigung

Die Vertragskündigung ist relativ unkompliziert, außer Sie führen Produkte, auf die Amazon angewiesen ist und die Amazon von keinem Mitbewerber beziehen kann. Dann kann es passieren, daß Sie bis zum Vertragsende liefern müssen.

Sie werden auf jeden Fall von Amazon kontaktiert werden und nach dem Grund Ihrer Kündigung gefragt werden.

Nachdem Sie Ihr Herz ausgeschüttet haben, wird man Sie mit verbesserten Vertrags- und Zahlungsbedingungen ködern wollen.

Dann müssen Sie entscheiden, ob Sie sich das weiter antun wollen oder ob Sie konsequent sind.

Im amerikanischen Englisch nennt man das: „Stand your ground"!

Der Vendor Vertrag ist schnell gekündigt, Ihre Marke bleibt jedoch bestehen. Drehen

Sie niemals Amazon den Rücken zu, ohne weiter zu kontrollieren, was mit Ihren Produkten geschieht, denn mit Ihrem Ausstieg geben Sie Ihre Marke zum Abschuß frei. Machen Sie sich bewusst, daß es nur ein halber Ausstieg sein wird.

Warum?

Wenn Sie sich komplett von Amazon abwenden, dann geben Sie auch die Kontrolle über Ihre Marke ab. Tun Sie das nicht! Der Schaden ist nur schwer behebbar, sehr teuer und nervlich belastend.

Wenn Sie aussteigen, dann mit Strategie. Nach der Kündigung müssen Sie Ihre Produkte dauerhaft und streng im Auge behalten, denn Ihre Produkte bleiben gelistet und Ihre neuen Produkte werden von Amazon selbst gelistet!
Reseller oder Mitbewerber können diskreditierenden Content online stellen, der Ihrer Marke schadet. Mitbewerber können mit schlechten Bewertungen Ihrer Marke schaden. Die Reseller/Repricer spielen mit Ihren Preisen Ping Pong nach unten. Behalten Sie all das nach dem Austritt zumindest im Auge!

Lösen Sie VORHER bestehende Probleme – wenn nötig vor Gericht.

Löschen Sie niemals Ihr Passwort des VC-Accounts, um im Ernstfall danach handlungsfähig zu bleiben. Führen Sie unbedingt die Brand Registry durch, um Ihre Markenrechte zu sichern. Kontrollieren Sie Content, Preise und Rezensionen nach dem Ausstieg wöchentlich.

Wenn Sie wegen eines massiven Problemes aussteigen wollen, hilft oft die Androhung der Kündigung, um bei Amazon noch einmal etwas zu bewegen. Wenn Sie in der Summe genug haben und aussteigen wollen, dann kündigen Sie mit Strategie und Kontrolle.

Abschließend finden Sie hier einen sehr schönen Kündigungsbrief eines sehr enttäuschten Lieferanten:

"Heute nehmen wir Abschied, wir kündigen unsere Zulieferer- wie auch Kundenkonten. Mit sofortiger Wirkung. Ohne Wenn und Aber und mit allen Konsequenzen.

Seit Jahren ist es uns als Verlag ein Dorn im Auge, dass Sie an kleine Zulieferer wie uns überzogene Rabattforderungen von 55% stellen. Nein, es muss ja, um mit dem Buchpreisbindungsgesetz konform zu sein, heißen: 50% Rabatt plus 5% Lagerkosten. Dass aber Waren, die nachweislich Durchlaufposten sind, auch ohne Lagerung diese 5% zusätzlichen Kosten verursachen, war uns schon immer unverständlich.

Auch haben wir akzeptiert, dass Sie mit luftigen Buchungstricks bei der Umsatzsteuer Ihren Gewinn maximieren; daß Sie von kleinen Zulieferern verlangen, Rechnungen zu stellen, die dann ins EU-Ausland versandt werden müssen; daß Sie sich vertraglich einen unglaublichen Skontorahmen einräumen lassen. Daß neue, frisch angelieferte Titel in Ihrem eigenen "Marketplace"-Anbieterkonto als Mängelexemplare auftauchen. Und daß Sie Kommissionswaren remittieren, die Sie nicht pfleglich behandelt haben und diese somit vom weiteren Verkauf ausgeschlossen sind.

Daß Sie Ihre Marktmacht gegenüber Ihren "Partnern" rigoros ausnutzen, sollte wohl jedem klar sein: Lebendig erinnern wir uns an

Ihre Aktion gegenüber den "Independent Publishers" in Ihrem Heimatland, wo Sie neue Konditionen diktierten. Wer nicht mitzog, der wurde einfach ausgelistet, dessen Bücher waren urplötzlich nicht mehr verfügbar.

Aber, das haben wir hingenommen, zwar nicht ganz freiwillig, denn will ein Kleinverlag von Endkunden wahrgenommen werden, ist es zwangsläufg verpflichtend, bei Ihnen gelistet zu sein. Amazon macht sichtbar, und wer nicht bei Ihnen gelistet ist, der ist bei Endkunden auch nicht "seriös" – oder: Was es bei amazon.de nicht gibt, gibt's nirgends.

Wirtschaftlich trägt sich Ihr Geschäftsmodell für uns nicht. Hat es im übrigens noch nie. Zu überzogen sind Ihre Forderungen, wir fühlen uns nicht als Partner behandelt, sondern als Bittsteller, der bitte, bitte, bitte seine Bücher über Ihre Plattform vertreiben darf und zwar zu Konditionen und Verträgen, die Sie diktieren.

Nun aber bringt die aktuelle Berichterstattung das Fass zum Überlaufen: Sie behandeln Menschen wie Ware. Menschen, die in eine Notlage geraten sind, die Arbeit dringend brauchen. Diese Menschen, Ihre Arbeitnehmer, Ihr "Humankapital" behandeln Sie mit genauso unfairen Praktiken, die Sie schon uns haben angedeihen lassen.

Auf eine Wiederholung der Vorwürfe verzichten wir an dieser Stelle, stehen diese noch im Raum und sind aufmerksamen Zeitgenossen durchaus in lebendiger Erinnerung.

Aber als Ergänzung sei hinzugefügt, dass unsere Ansprechpartner ebenfalls größtenteils nicht in Deutschland sitzen, sondern – so unser Verdacht – in Indien. Wie wohl hier die Menschen behandelt werden? Menschen, denen ein Staat weniger Schutz und Rechte gibt, als auf unserem europäischen Boden.

Respektvolles Wirtschaften, faire Umgangsformen und gegenseitige Rücksichtnahme in einer Geschäftsbeziehung halten wir für unabdingbar. Egal, ob es dabei um Kunden, Mitarbeiter, Zulieferer und Vertriebspartner geht.
Sie sind, waren es nie und werden es auch wohl zukünftig nicht werden: ein Unternehmen, das Menschen wie Menschen, das Verlage wie Partner, das Kunden wie

Könige und Kaiser behandelt. Ein Unternehmen, welches sich u.a. dem Kulturgut "Buch" verschreibt und soziale und ethische Grundsätze beachtet.

Wir können daher nur unsere Konsequenzen ziehen und sagen "Adieu!".

Und eigentlich sind wir froh darüber, einen so schwierigen Geschäftspartner los zu sein."

www.ingramcontent.com/pod-product-compliance
Lightning Source LLC
Chambersburg PA
CBHW021918170526
45157CB00005B/2096